D1666034

Das rote Klavier

Wie die Natur Klavier spielt

Lange hat niemand mehr auf dem alten Klavier gespielt. In einem Neben-raum abgestellt, konnte es nur noch stumm zuhören, wie der Flügel im Wohnzimmer erklang. Bis irgendwann die Idee aufkam, es rot anzumalen und am Rande des Spazierweges neben dem Haus in den Wald zu stellen. Wie würde die Natur auf dem Klavier spielen?

Dies war im Juni 2015. Seitdem spielten Wind und Wetter, Sonne, Regen und Schnee, Blätter, Brombeeren und Kletten, Ameisen, Schmetterlinge und Vögel – kurz: die freie Natur mit dem Instrument. Allein die Menschen sollten ihre Finger davon lassen: ein kleines Schild deklarierte es zum Kunst- bzw. Naturprojekt, an dem langfristig beobachtet werden konnte, wie sich Flora und Fauna auf ihre Weise mit dem Klavier beschäftigten.

Von Anbeginn habe ich diesen Prozess der Mutation fotografisch doku-mentiert. Tausende von Bildern zwischen Totale und kleinsten Details erzählen von einem vitalen Prozess des vergänglichen Wandels. Nach genau 5 Jahren, im Juni 2020 brach das rote Klavier auseinander und ver-schwand zunehmend in der rankenden, einverleibenden Vegetation. Bis es der Schnee im Februar 2021 unter sich begrub.

Bilder der Vergänglichkeit einer Ikone klassischer westlicher Musik – viel-leicht ein ahnendes Sinnbild dafür, wie sich in einem für unsere Wahrneh-mung stillen und bewegungslosen Prozess die unweigerliche Kraft, Kreati-vität und Größe der Natur offenbart, die unsere Kultur und die Menschheit an sich schlucken und unendlich überdauern wird.

willem schulz

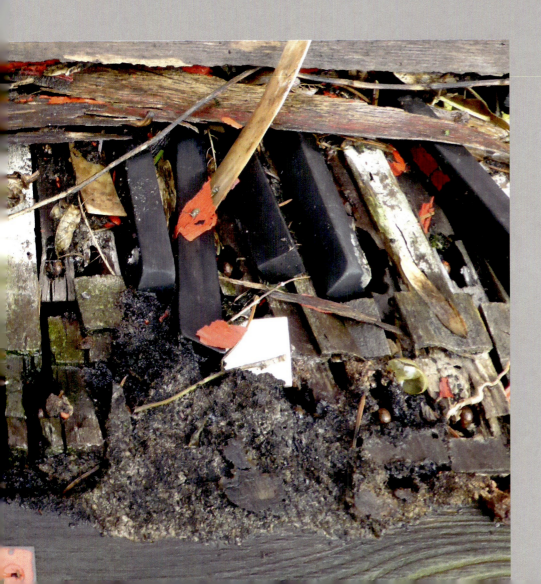

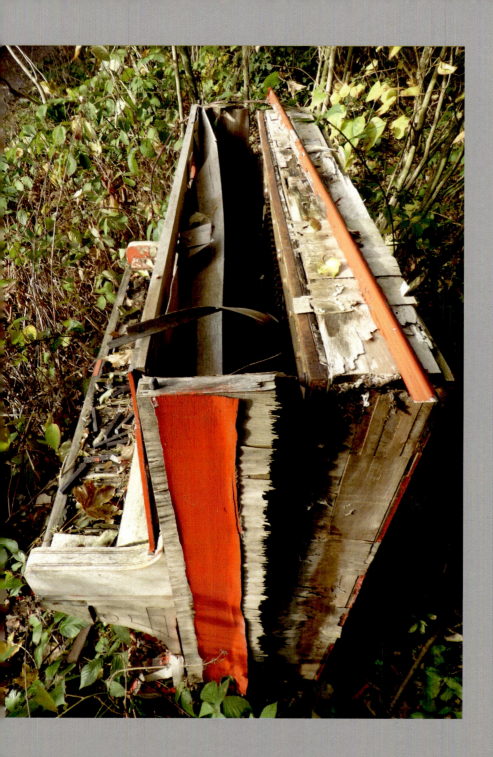

willem schulz

Das rote Klavier

Wie die Natur Klavier spielt

Impressum:
Fotografie - Konzept: Willem Schulz
Gestaltung: Beate Freier-Bongaertz

Herausgeber: Kulturzentrum Wilde Rose e.V.
Borgholzhausener Str. 75 - 79, 49324 Melle
willemschulz@t-online.de
www.willemschulz.de

„Gedruckt mit Fördermitteln des Landschaftsverbandes Osnabrücker
Land e.V. und des Landes Niedersachsen"

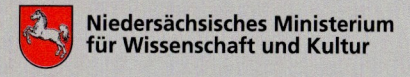

Niedersächsisches Ministerium
für Wissenschaft und Kultur

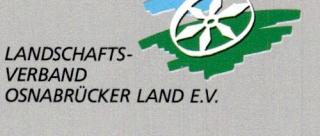

LANDSCHAFTS-
VERBAND
OSNABRÜCKER LAND E.V.

MUSIKFONDS

Wilde Rose